L'ORTIE :
CULTURE & USAGES

L'ORTIE :
CULTURE & USAGES

Guylaine Goulfier

rustica éditions

À Laurence,
pour tes soupes à l'ortie délectables,
et ton premier purin... inoubliable !

Dépôt légal : février 2010
ISBN : 978-2-84038-978-1

www.rustica.fr
www.fleuruseditions.fr

SOMMAIRE

AVANT-PROPOS

Comme beaucoup d'entre vous, j'ai eu très vite de nombreux contacts avec l'ortie… brûlants bien sûr. Mais pas seulement. Dans la ferme de mon enfance, l'ortie a toujours été là, formant d'ombrageux et menaçants buissons.

Il est question de ces orties que mémé Anna pouvait arracher à pleines poignées pour menacer les petits farceurs qui avaient libéré les lapins des clapiers (« pour vous faire circuler le sang ») ; de celles que l'on pilait avec du pain pour la « baccade » des canards ; de celles avec lesquelles on confectionnait une soupe rapide ou une décoction pour soigner les petits maux du quotidien (ou ceux du jardin). Dans les bosquets d'ortie, on jouait aussi à observer tout un monde de coccinelles, chenilles et autres bestioles…

Si peu qu'on lui prête attention, l'ortie est toujours proche de nous. Mais si l'on ne peut oublier sa nature piquante, son usage, lui, s'est souvent lentement perdu.

Cet ouvrage n'a d'autre ambition que de faire un modeste tour d'horizon des différentes facettes de l'ortie, rendant ainsi hommage à une vraie plante compagne.

Guylaine Goulfier

L'ORTIE, PLANTE COMPAGNE

Toujours dans le sillage de l'homme, l'ortie l'accompagne avec ambivalence. Sans charme et piquante mais utile et puissante, elle jouit d'une silencieuse tolérance, d'une étrange popularité.

L'ortie pousse à proximité des habitations : dans les tas de fumier, les décombres et les vieux murs, ou encore les carcasses de voitures envahies par la rouille. Elle semble se repaître des activités humaines. Mieux, sous un air hautain, camouflant son humilité, elle débarrasse les hommes de leurs propres salissures. Sans attrait apparent (parfum, fleurs ou couleur) mais dotée d'un répulsif évident (son piquant !), l'ortie soigne, nourrit, se tisse, teinte, nettoie et offre encore mille autres usages. Vantée ou détestée, elle n'a jamais laissé l'homme indifférent, en véritable plante compagne qu'elle est.

Tonnerre et orage

Le saviez-vous ? L'ortie a longtemps été véritablement vénérée puisqu'elle était consacrée à Donar, le maître du tonnerre et chef du panthéon germanique. D'ailleurs, *Donnernettel* (« ortie-tonnerre » en vieil allemand) avait la vertu d'éloigner la foudre. De même, l'ortie est consacrée à Thor, le dieu de l'orage en Scandinavie. Cette plante piquante a longtemps tenu une place de choix dans la culture germanique. Elle orne ainsi les armoiries du Schleswig-Holstein.

MÉMO

Comment nos voisins européens nomment-ils l'ortie ? En Grande-Bretagne, elle se dit *nettle*, en Espagne *ortiga* et en wallon, *Kaloob do pauv*, « trèfle du pauvre », en raison de l'usage alimentaire et agricole que l'on en fait.

Luxure...

Longtemps, l'ortie, plante dédiée à Vénus, s'est enveloppée d'une aura érotique. Aphrodisiaque, elle était censée favoriser la luxure. Ses graines réduites en poudre et mêlées de poivre, de miel, puis consommées avec du vin redonnaient une belle vigueur aux hommes. C'était un viagra végétal avant l'heure !
Juvénal compare même ses effets à ceux de danseuses réputées pour leur lubricité : « Les danseuses de Cadix sont un stimulant pour les amoureux languissants et ont le même effet que les orties pour fustiger les hommes riches et leur redonner l'amour de la vie. »
L'association de l'ortie à la virilité explique d'ailleurs que la plante ait participé à nombre de pratiques initiatiques. Il en était ainsi particulièrement en Afrique. En Nouvelle-Guinée, les

adolescents encore vierges étaient flagellés de façon intensive, 3 jours durant, avec des orties, afin que toute féminité soit chassée de leur corps.

Magique !

Au Moyen Âge, l'ortie était créditée de pouvoirs puissants. En crème ou en onguent, elle chassait les esprits malins, préservait du diable et des fantômes... ou damnait les innocents. De façon plus pratique, elle attirait les poissons dans les filets ou vers les pêcheurs. Un bouquet d'ortie placé sous le lit d'un malade assurait aussi sa guérison et, porté sur soi, protégeait du mauvais œil.

MÉMO

Un bouquet d'ortie peut délivrer divers messages. En Prusse walonne, il était placé le 1er mai à la fenêtre des filles dont on jugeait les mœurs légères. Cet hommage piquant était aussi parfois offert en guise de rupture tandis que, vers Dijon, il indiquait à une belle que l'on ne savait pas comment lui déclarer sa flamme.

Surnoms et dictons

L'ortie fait partie de l'histoire de l'homme, de son quotidien. En témoignent tous les noms populaires qui la désignent. On en dénombrait ainsi en France, en 1993, pas moins de 320 ! Hourtigo, ourtictic, ortile, artigo, aoutric, oûrteye... la plupart des désignations de l'ortie dérivent de son nom commun et latin. Certaines autres pourtant indiquent son utilisation (« herbe à l'urine », « dindonnière »...) ou tout simplement son caractère urticant : pico, pikètte, escordiy (écharde), donnebedouffle (« donne-ampoules »)...
L'ortie est également à l'origine de verbes comme « ortiller », qui signifie démanger, être pressé, ainsi que de très nombreux dictons. Tout le monde connaît encore l'expression, assez récente, « ne pas pousser mémé dans les orties ». Mais qui se rappelle de « vif comme un pape dans une touffe d'ortie », du cimetière désigné comme « jardin aux orties » ou encore d'un vin aigre qualifié de « jus d'ortie » ?

Anathème et redécouverte

Le tournant du XIXe siècle a été fort préjudiciable à l'ortie. À cette époque de scientisme triomphant où l'homme se détourne de la nature, la plante est délibérément oubliée. On ne lui reconnaît plus guère d'intérêt en médecine ou en agriculture. À peine la cantonne-t-on alors aux légumes de disette.
Jules Michelet souhaite purement et simplement la voir disparaître, tandis que certains prennent sa défense : ainsi, Victor Hugo la célèbre dans *Les Contemplations* et vante ses vertus agricoles dans *Les Misérables*.
L'ortie est aujourd'hui redécouverte. Des études scientifiques ont démontré son intérêt thérapeutique, et les utilisateurs de

purin d'ortie sont de plus en plus nombreux. Quant aux grands chefs, ils se sont mis à la mitonner. L'ortie a ainsi retrouvé des lettres de noblesse bien méritées.

J'aime l'araignée et j'aime l'ortie,
Parce qu'on les hait ;
Et que rien n'exauce et que tout châtie
Leur morne souhait ;

Parce qu'elles sont maudites, chétives,
Noirs êtres rampants ;
Parce qu'elles sont les tristes captives
De leur guet-apens ;

Parce qu'elles sont prises dans leur œuvre ;
Ô sort ! fatals nœuds !
Parce que l'ortie est une couleuvre,
L'araignée un gueux ;

Parce qu'elles ont l'ombre des abîmes,
Parce qu'on les fuit,
Parce qu'elles sont toutes deux victimes
De la sombre nuit...

Passants, faites grâce à la plante obscure,
Au pauvre animal.
Plaignez la laideur, plaignez la piqûre,
Oh ! plaignez le mal !

Il n'est rien qui n'ait sa mélancolie ;
Tout veut un baiser.
Dans leur fauve horreur, pour peu qu'on oublie
De les écraser,

Pour peu qu'on leur jette un œil moins superbe,
Tout bas, loin du jour,
La vilaine bête et la mauvaise herbe
Murmurent : Amour !

Victor Hugo, *Les Contemplations*

QUI S'Y FROTTE S'Y PIQUE !

Pas de doute : l'ortie a du piquant. Il ne faut donc pas s'étonner qu'elle soit si mal aimée. Le moindre frôlement de la plante engendre brûlures et cloques qui démangent. Examinons de plus près cet arsenal défensif.

Cocktail chimique

Formiate de sodium, sérotonine, acétylcholine... l'ortie renferme une impressionnante liste de composés organiques. On a longtemps cru que, parmi ceux-ci, l'acide formique était le « venin » responsable des piqûres de l'ortie. En fait, la coupable serait l'histamine, qui provoque la sensation de brûlure. Difficile d'échapper à ses effets : il suffit de 1/10 000 de milligramme de cette substance pour que des cloques apparaissent.
Les démangeaisons dues à l'ortie durent une dizaine de minutes et sont réactivées si, plus tard, elles sont en contact avec de l'eau, lorsqu'on se lave les mains par exemple. Mais cela n'est rien en regard des effets foudroyants d'une ortie tropicale géante, l'« arbre à feu », dont une seule piqûre peut provoquer une douleur difficilement supportable durant plusieurs semaines ; elle pourrait même engendrer des œdèmes mortels.

Ampoule et seringue

Observés à la loupe, les poils urticants de l'ortie, ses fameux « dards », ressemblent à s'y méprendre... aux ampoules remplies de médicament. Leur fonctionnement étant similaire, on pourrait d'ailleurs croire que la stratégie végétale a inspiré la forme de ce contenant pharmaceutique.
Le liquide urticant se trouve, sous pression, à la base du poil, dans une partie renflée. Celle-ci est prolongée par une partie plus fine qui se termine par une petite bille. Cette dernière se casse comme du verre (en effet, tout le poil est gainé de silice) et, au moindre contact, il pénètre dans la peau et libère ainsi le liquide urticant.

MÉMO

Parce qu'elle pique sans prévenir, l'ortie est souvent associée à la cruauté, à la méchanceté. Aussi, dans le langage des fleurs, représente-t-elle la trahison. Pourtant, elle symbolise aussi la franchise, ne sachant pas masquer ses défauts derrière une belle apparence.

Antidotes

Pour soulager les piqûres d'ortie, de nombreux « trucs » sont évoqués : frotter les cloques après avoir craché dessus, ou avec de la terre sèche, des végétaux broyés. Parmi ceux-ci, plusieurs sont cités (la mauve en Turquie, la menthe au Portugal...), dont les plus réputés semblent être l'oseille sauvage et, surtout, le plantain. Comment choisir parmi ces plantes antivenin ? Prélevez simplement le végétal qui se trouve le plus près de vous ! Car souvent l'antidote pousse à proximité de l'ortie. Ainsi, le redoutable « arbre qui brûle » voisine souvent avec une sorte d'oxalis, dont le jus verdâtre calme un peu la douleur des piqûres. Car plantain, oseille ou autre menthe doivent être écrasés et broyés à la main avant d'être appliqués sur les cloques : ce sont leurs sucs ainsi libérés qui servent de baume.

Je conseille

« On me l'affirmait : "Prises par en dessous, les feuilles de l'ortie ne piquent pas !" Et parce que l'eau désactiverait les effets des piqûres, c'est sous une pluie battante que j'ai tenté la cueillette à mains nues. Le résultat ? Seuls les plus adroits peuvent se passer de gants... et même eux penseront à se protéger les genoux et les fesses lorsqu'ils sont entourés d'orties ! »

AU JARDIN

Des pucerons sur les rosiers, des fraisiers qui jaunissent, des plants de tomates qui se fatiguent ? Il y a une solution : le purin d'ortie ! Cette préparation semble la panacée des jardiniers amateurs de naturel. Voyons donc plus avant comment préparer et utiliser les décoctions, macérations et autres potions à base d'ortie.

UNE ORTIE… DES ORTIES

Avant d'aborder l'importance de l'ortie pour le jardinier, il convient de distinguer les différentes espèces de cette plante piquante. Et de la différencier des végétaux qui lui ressemblent.

Grande ortie en fleurs.

Si la famille des Urticacées à laquelle appartient l'ortie comprend une cinquantaine de genres (des cousines germaines en quelque sorte), celui de notre plante piquante n'est représenté en France que par 5 espèces, plus ou moins communes mais toutes parfaitement « brûlantes ».

LA GRANDE ORTIE (*URTICA DIOICA*)

Voilà la reine incontestée de nos contrées, celle que l'on désigne quand on parle d'ortie : parce qu'elle est la plus haute (elle peut dépasser 1,50 m) et la plus répandue, non seulement chez nous mais dans le monde entier. Elle est aussi appelée « ortie dioïque » parce qu'elle possède des pieds mâles et femelles distincts. Il s'agit d'une plante vivace, qui se diffuse très facilement grâce à ses longues racines jaunes rampantes, en formant de grandes colonies denses.

Les Anciens appelaient la grande ortie « ortie grièche ». Plusieurs hypothèses ont été émises pour expliquer ce surnom. Une de celles que l'on peut retenir serait la ressemblance entre le piquant de l'ortie et celui du bec de la pie-grièche.

La petite ortie (*Urtica urens*)

Bien plus petite que la grande ortie, cette espèce est tout aussi commune. Et pour cause : les fleurs femelles (portées sur le même pied que les fleurs mâles), réunies en grappes ovoïdes, produisent jusqu'à 1 200 graines par plante – des semences qui se diffusent avec aisance. Très agressive dans son piquant, elle mérite parfaitement son surnom d'« ortie brûlante ». Curieusement, dans la pharmacopée traditionnelle, ses feuilles sont réputées soigner les piqûres d'insectes et d'autres animaux, ainsi que les brûlures des coups de soleil.

Fleurs groupées de la petite ortie.

L'ortie à membranes (*Urtica membranacea*)

Quel drôle de nom ! Il s'explique par la forme particulière des grappes de fleurs qui ressemblent à un étroit ruban. Distinctes, les inflorescences femelles se situent sous celles des mâles et sont fécondées simplement par l'action de la gravité. Croissant particulièrement dans les murs et les décombres, cette ortie annuelle se rencontre près du littoral méditerranéen et, parfois, breton.

L'ortie de Dodart (*Urtica atrovirens*)

Elle ressemble énormément à la grande ortie et s'en distingue par la couleur d'un vert très sombre de son feuillage, qui lui a valu son nom latin (*atrovirens* signifie vert sombre) et le surnom d'« ortie noirâtre ». Italo-sarde, cette ortie ne se rencontre en France qu'en Corse.

MÉMO

On trouve parfois certaines orties particulièrement méchantes. C'est qu'il ne faut pas oublier que leur piquant est une protection. Plus elles sont exposées, plus leur piqûre est agressive. Ainsi, plus on fauche les orties, plus elles deviennent piquantes.

Ortie à pilules (*Urtica pilulifera*)

Cette petite plante annuelle ou parfois bisannuelle se reconnaît aisément à ses fleurs, réunies en petites sphères, pompons hérissés de piquants qui évoquaient des pilules pour les Anciens. Elle a longtemps été cultivée dans certaines régions d'Europe

Photo p. 19 :
Lamier ou « ortie jaune ».

MUCILAGINEUX

Un aliment mucilagineux contient des glucides qui, au contact de l'eau, gonflent en formant une substance visqueuse.

OLÉAGINEUX

Les graines de l'ortie sont oléagineuses : elles contiennent des lipides, de l'huile.

MÉMO

L'ongaonga (*Urtica ferox*) est à éviter : cette ortie arbustive de Nouvelle-Zélande, qui peut atteindre 5 m de hauteur, est pourvue de poils urticants de 5 mm de longueur. Ils infligent des brûlures qui restent extrêmement douloureuses plusieurs jours durant.

de l'Est pour alimenter le bétail grâce à ses graines au contenu **MUCILAGINEUX** et **OLÉAGINEUX**. Il s'agit de l'« ortie romaine », commune dans le Midi mais rare ou inexistante ailleurs.
L'ortie à pilules est certainement l'*akalêphê* de Dioscoride. Ce médecin grec du Ier siècle la tenait presque pour une panacée. Il vantait ses propriétés aphrodisiaques, diurétiques, laxatives, expectorantes, la conseillant contre les plaies gangreneuses, les ulcères et les suppurations.

Une ortie ? C'est à voir…

Pour se protéger de l'appétit de leurs prédateurs, certains végétaux ont développé un stratagème assez futé : ils prennent l'apparence des orties, se haussant comme s'ils étaient porteurs des fameux piquants.
Aussi les a-t-on populairement désignés comme des « orties » – des « orties mortes » plus précisément, puisqu'elles ne piquent pas – sans aucun souci de la classification botanique. En effet, presque toutes ces imitations appartiennent à une tout autre famille que celle des orties. Membres des Labiées, ce sont plus généralement des lamiers.
Au premier rang d'entre eux se place le lamier blanc, souvent nommé « ortie blanche », qui pousse le vice jusqu'à s'installer tranquillement au milieu des pieds d'orties piquantes. Le lamier tacheté a hérité du nom d'« ortie maculée », le lamier jaune de celui, logique, d'« ortie jaune ». Deux plantes se camouflent sous le surnom d'« ortie rouge » : le lamier pourpre et l'épiaire des marais, cette dernière étant parfois désignée comme « ortie bourbière ». Sa cousine, l'épiaire des bois, se fait parfois aussi appeler « ortie puante ».

Cousines d'ailleurs

Plusieurs orties poussent dans le monde, plus ou moins employées. Parmi elles, citons :

L'ortie de Chine, plus connue sous le nom de « ramie » (*Boehmeria nivea*) : cultivée depuis six millénaires, elle est l'une des plus anciennes plantes textiles. Son feuillage légèrement cordiforme explique qu'elle soit appréciée comme plante ornementale en Asie.

L'ortie massaïe (*Urtica massaica*) : elle se consomme comme légume en Afrique, notamment en Ouganda où elle est fort prisée. On consomme ses jeunes pousses crues ou ses feuilles sèches bouillies. Elle figure dans de nombreuses pharmacopées.

L'ORTIE EN SON ROYAUME

Elle accueille plus de 120 espèces animales (dont 30 d'insectes), plus ou moins dévouées. Aussi peut-on facilement désigner l'ortie comme reine de la biodiversité. Et par là même, grande complice du jardinier !

GÎTE...

En atteignant 1,50 m de hauteur et en se parant de poils urticants contre leurs prédateurs, les touffes d'ortie peuvent former des refuges recherchés par nombre d'animaux, sauvages comme domestiques.
Ainsi, plusieurs oiseaux y camouflent leur nid, comme la fauvette et la rousserole. Les canes, et surtout les oies, y pondent leurs œufs, leurs petits se nourrissant des feuilles qui les dissimulent pendant plusieurs semaines.
Les biches et les chevreuils viennent mettre bas dans les fourrés d'ortie. On se demande même si la consommation des feuilles de l'abri ne faciliterait pas la délivrance.

... ET COUVERT

Nombre d'animaux trouvent un véritable garde-manger dans les touffes d'ortie, notamment les hérissons qui consomment leurs feuilles, et plusieurs oiseaux qui raffolent de leurs grappes de graines : faisan et perdrix, bouvreuil, serin, tarin, bruant des roseaux, sizerin flammé...
De nombreux insectes, dont certains lui sont **INFÉODÉS**, vivent des grâces de l'ortie. C'est le cas d'une demi-douzaine de mouches qui creusent des galeries dans ses tiges, ou d'un charançon, le phyllobius de l'ortie, à la carapace ornée de reflets mordorés du plus bel effet.

INFÉODÉS

Les animaux inféodés à une plante sont dépendants de celle-ci pour leur nourriture, leur reproduction... Ils ne peuvent vivre sans elle. Détruire des orties revient à condamner ces espèces... et à rompre la chaîne alimentaire à laquelle elles contribuent.

HERBE À PAPILLONS

Un grand nombre de papillons vivent (ou font halte plus ou moins longtemps) sur l'ortie, qui accueille leurs œufs et nourrit leurs larves. Citons, parmi les espèces diurnes, les Paon-du-jour, Belle-Dame, **VULCAIN**, Robert-le-Diable, Carte géographique... Chez les nocturnes, on peut observer les bien plus discrètes Pyrale de l'ortie, Écaille rouge, Écaille de la menthe, Écaille de l'ortie. Il convient de noter que les chenilles de ce dernier papillon, comme leur hôte, sont couvertes de poils urticants.

Réservoir d'auxiliaires

Chenilles, pucerons, cicadelles, limaces... sont autant d'animaux accueillis par l'ortie et qui attirent nombre de prédateurs. C'est le cas de plusieurs oiseaux insectivores, de la belette et de la fouine (qui y trouvent un réservoir de petits rongeurs), des coccinelles, cécidomies, syrphes et autres auxiliaires... au service du jardinier.

Prenons un exemple : en avril, lorsque les cultures sont encore rares dans le potager, la coccinelle pond dans les orties, assurée que ses larves se nourriront des pucerons qui envahissent la plante précocement. La génération suivante de coccinelles émigre sur les plantes cultivées, à leur tour envahies par les ravageurs. Sans orties, la coccinelle, mais aussi les syrphes, oiseaux et autres auxiliaires s'envolent vers des jardins plus accueillants.

Le papillon Robert-le-Diable, un hôte de l'ortie.

VULCAIN

Le Vulcain pond un œuf à la fois, au soleil, à la surface d'une feuille d'ortie. À peine éclose, la chenille se protège en s'enroulant dans la feuille qu'elle grignote.

Le Vulcain est un papillon migrateur que l'on peut trouver jusqu'en Australie et en Nouvelle-Zélande, où il n'hésite pas à s'installer sur une ortie aux piqûres redoutables, *Urtica ferox*.

LE PURIN D'ORTIE : UNE POTION MAGIQUE ?

Purin d'ortie… un terme qui évoque filtre, alchimie et même sorcellerie ! Pourtant, les préparations à base de la plante sont aujourd'hui très scientifiquement expérimentées. L'ortie n'a pas encore révélé tous ses secrets : n'hésitez pas à la tester.

Ne m'appelez plus purin !

Les noms ont parfois la vie dure. Ainsi, celui (impropre) de « purin » d'ortie est aussi tenace que son odeur, franchement nauséabonde lorsque le liquide est malheureusement passé de la fermentation attendue… à la putréfaction. On devrait pourtant désigner ce « purin » sous son vrai nom : extrait végétal fermenté. L'ortie se prête également à d'autres préparations. Les **extraits végétaux** ont chacun des applications différentes : macération, infusion, décoction…

EXTRAITS VÉGÉTAUX

Sous l'effet de la chaleur (décoction, infusion) ou d'un processus naturel comme la fermentation, les cellules des plantes se dissolvent et libèrent les substances chimiques qu'elles contiennent : des extraits végétaux.

Ni pesticide, ni engrais

Non, le « purin » d'ortie n'est pas un engrais ! Même s'il contient beaucoup d'azote, il ne nourrit pas. De la même façon, il n'est ni insecticide, ni fongicide puisqu'il ne détruit pas. En revanche, les extraits végétaux préviennent les maladies et rebutent les ravageurs : il s'agit d'éliciteurs, des produits renforçant les défenses naturelles des plantes. Comment fonctionnent-ils ?

Je conseille

« Fraîchement converti au purin d'ortie, mon voisin l'utilise… sans compter. Partout, tout le temps, à n'importe quelle (sur)dose. "Cela ne peut pas faire de mal, non ?" À voir : à force de crier au loup, peut-être que les plantes aussi baissent la garde. Et l'éliciteur perd tout intérêt. »

Parades naturelles

Soumis à un stress, les végétaux réagissent en libérant des substances chimiques qui déclenchent des parades aux agressions. Ainsi, certaines feuilles durcissent pour résister à la chaleur, d'autres deviennent amères pour décourager les grignoteurs. Les épidermes des baies s'épaississent pour se protéger du gel, des cellules se nécrosent autour des spores d'un champignon pour empêcher leur

progression dans le végétal... Les éliciteurs contiennent ces mêmes « alertes » chimiques qui mobilisent la plante face aux diverses agressions qu'elle rencontre.

Un éliciteur... à tester

Les extraits végétaux à base d'ortie agissent dans le but de prévenir les attaques de champignons ou d'insectes. Ce sont souvent des biostimulants : ils favorisent la croissance, luttent contre la chlorose, activent la décomposition du compost... Ces actions, depuis longtemps empiriquement attribuées au purin d'ortie (notamment en agrobiologie et en biodynamie), tendent à être scientifiquement démontrées. Les études menées sur les vertus de la plante sont relativement récentes : les premières, conduites par le chercheur suédois Rolf Peterson, remontent à 1981. L'ortie reste encore un mystère qu'il ne tient qu'à vous de découvrir et de tester.

UN PURIN D'ORTIE « MAISON »

Le succès du purin d'ortie tient en grande partie à la facilité et à la rapidité de sa réalisation. Une simplicité qui ne doit pas faire oublier le respect de quelques règles de base.

Une eau de qualité

Pour que l'extrait végétal offre toutes ses qualités d'**ÉLICITEUR**, il est primordial d'utiliser une eau sans chlore, à température douce (12 à 25 °C) et qui ne soit pas trop dure. En effet, le calcaire peut boucher les stomates des feuilles et bloquer leur stimulation. L'eau de pluie est donc idéale. À défaut, il est possible d'utiliser de l'eau du robinet, mais en l'entreposant dehors pendant 2 à 4 jours et en la brassant de temps en temps. Si cette eau est calcaire, on lui ajoutera du vinaigre d'alcool (25 cl pour 30 litres d'eau) pour l'acidifier.

ÉLICITEUR

C'est une substance contenue dans une plante, qui déclenche et stimule les défenses naturelles des autres végétaux.

Contenu et contenants

Pour préparer un purin d'ortie, fauchez les plantes avant leur floraison. Vous pouvez les laisser entières ou les hacher (d'aucuns pensent que les sucs végétaux se libèrent ainsi plus facilement). Glissez les orties dans un récipient que vous préférerez légèrement surdimensionné : un contenant de 15 litres pour une préparation de 10 litres de purin d'ortie, par exemple. Le contenant ne doit être ni en bois, ni en métal. Les poubelles en plastique s'avèrent idéales. Après avoir versé l'eau, couvrez le tout d'un couvercle perméable, un sac en toile par exemple.

Le bon stade

Pour induire la fermentation de la préparation, il faut l'oxygéner. Pour cela, il suffit de la brasser tous les jours, durant au moins 10 minutes. Le début de la fermentation se signale par la remontée, après les remous du brassage, d'un tapis de petites bulles. Lorsque cette effervescence n'apparaît plus, n'attendez pas : filtrez immédiatement... et minutieusement. Aucun débris ne doit subsister dans l'extrait végétal obtenu, sous peine d'entraîner sa putréfaction (et l'odeur nauséabonde bien connue), donc la dégradation de ses qualités.

MÉMO

Le purin que vous avez obtenu empeste ?
Les principales raisons de ce relatif échec peuvent être :
- la qualité de l'eau (trop chaude, trop froide, calcaire...) ;
- le stade de la fermentation (dépassé) ;
- un filtrage défaillant qui a laissé passer quelques débris végétaux.

Stocks

Bouteilles de limonade, cubitainers à vin en plastique, pots en inox... l'extrait fermenté d'ortie peut être conservé dans de nombreux récipients. Et ce, pratiquement d'une année sur l'autre si vous le stockez à l'obscurité et à température douce : environ 12 °C. Même parfaitement filtrés, certains extraits peuvent repartir en fermentation : vous verrez alors les bidons se gonfler. La solution est, dans ce cas, toute simple : purgez les gaz en ouvrant les récipients.

Photo p. 24 :
Cueillette des orties.

MON PURIN D'ORTIE, PAS À PAS

Tout le voisinage se souvient de mes premiers essais de purin d'ortie : j'ai traversé tout le hameau avec un tonneau dont l'odeur stupéfiait ! C'était à faire fuir les pucerons, les chenilles… et tous les jardiniers. Aujourd'hui, j'ai le soulagement de produire un purin qui sent fort, certes, mais n'empeste plus.

MÉMO

Combien d'orties faut-il faucher ? Comptez environ 1 kg de plantes pour 10 litres d'eau. Certains spécialistes préconisent même 800 g d'ortie. Le surdosage est inutile : l'extrait fermenté obtenu ne sera en effet ni plus concentré, ni plus performant.

Des orties et de l'eau

Je fauche les orties au mois de mai, parfois en juin, mais toujours avant qu'elles ne fleurissent. Certains les hachent mais je préfère les utiliser entières. Suivant une astuce de ma voisine maraîchère, je les enferme dans un filet à pommes de terre. Je les glisse dans une poubelle en plastique de 15 litres et verse dessus 10 litres d'eau de pluie provenant de mon récupérateur. Le tout est placé dans le garage, sombre et tempéré.

Ça fermente !

Matin et soir (en tout cas au moins une fois par jour), avec un bâton lourd, je « touille » mes orties dans l'eau pendant 10 minutes, toujours dans le même sens. Au début assez lourdes, les plantes sont plus faciles à manipuler enfermées dans leur filet. L'opération provoque toujours des remous mais, lorsqu'au bout de quelques jours, je vois que se forme à la surface du liquide un film de fines bulles, l'alerte est lancée : le purin sera bientôt prêt ! En fonction de la température extérieure, ce début de fermentation peut prendre de 4-5 à une dizaine de jours.

Des bulles de fermentation.

Tamis improvisé

Dès que la mousse qui signale la fermentation n'apparaît plus, je filtre la préparation. J'utilise un tamis de maçon sur lequel est tendu un reste de vieux drap en coton fin. Plus aucune particule végétale ne doit subsister dans le liquide sous peine d'entraîner une putréfaction… et la nauséabonde odeur qui l'accompagne. Cette précaution évite également par la suite de boucher les buses du pulvérisateur. Je suis parfois obligée de laver le drap avant de finir le filtrage, mais cela en vaut la peine. On dit qu'un bon purin d'ortie sent le pipi de vache frais (pourquoi cet animal précisément ? Mystère !)... et c'est effectivement ce que je constate avec le mien.

Récup' et troc

J'ai abandonné le grand tonneau dans lequel avait croupi tout l'été mon infect premier purin d'ortie. Outre le fait que l'endroit du jardin où il était installé s'est trouvé déserté, j'ai eu de la peine en voyant que plusieurs bêtes (dont une mésange) s'y étaient noyés. Aujourd'hui, dès le filtrage terminé, je transvase ma préparation dans des conteneurs improvisés : des bouteilles d'eau minérale de 5 litres. Comme bien souvent chez les jardiniers, je vois trop grand et je partage mes bonbonnes de purin avec mes voisins. D'ailleurs, je les échange volontiers avec leur purin de consoude maison.

MÉMO

On prépare le purin de consoude comme celui d'ortie, avec 1 kg de feuilles fraîches pour 10 litres d'eau. Sa richesse en allantoïne, qui favorise la multiplication des cellules, est recommandée pour stimuler la vie microbienne du sol, la croissance des semis et le développement des plantes. Il semble surtout que l'extrait fermenté de consoude soit le parfait complément du purin d'ortie. Cette association a donné des résultats très intéressants dans la lutte contre le mildiou.

Une filtration soignée.

DÉCOCTION, INFUSION ET AUTRES POTIONS

Si tout le monde (ou presque) connaît les « purins » d'ortie, on ignore bien souvent qu'il existe d'autres techniques pour obtenir des extraits végétaux. Ces méthodes, bien plus simples que la fermentation, se pratiquent souvent… dans la cuisine.

Comme pour la préparation du purin, les plantes seront récoltées de préférence avant leur floraison.

Les macérations

Rien de plus simple que cette technique, encore appelée « extrait à l'eau froide », qui consiste à hacher 100 g de feuilles fraîches d'ortie et à les laisser tremper durant 24 heures dans une eau tempérée (18 à 20 °C). Il suffit de filtrer la préparation et de la pulvériser immédiatement sur les plantes. En effet, la macération ne se conserve pas : stockée, elle évolue rapidement vers la fermentation. Son action, très douce, est essentiellement insecticide, mais elle peut aussi être stimulante pour la chlorophylle. Comme la macération ne produit que peu d'extrait, elle est souvent utilisée ponctuellement, dans de petits jardins.

MÉMO

Comme pour la fabrication d'extraits fermentés, la qualité de l'eau joue un grand rôle. Rappelons-le : ni trop chaude, ni trop froide, elle doit être sans chlore, ni calcaire. Utilisez de préférence de l'eau de pluie.

Les infusions

Contrairement au classique sachet de thé que l'on laisse infuser dans de l'eau bouillante, l'infusion d'ortie consiste à plonger les plantes (80 à 100 g de feuilles fraîches ou 10 g de feuilles sèches par litre) dans de l'eau froide, que l'on met à chauffer jusqu'au frémissement. On couvre ensuite la casserole et on laisse infuser jusqu'au refroidissement du liquide. L'infusion d'ortie est particulièrement efficace dans la lutte contre les pucerons, mais ses effets sont plus visibles dans les jardins cultivés au naturel, sans pesticides, avec apports de matière organique, etc. L'infusion d'ortie ne se conserve pas plus de quelques jours dans une bouteille au réfrigérateur.

MÉMO

Que l'on prépare une décoction ou une infusion, le couvercle est primordial. C'est lui, en effet, qui capte les essences volatiles libérées par la chaleur. En refroidissant, elles se condensent sous forme de gouttelettes et retombent dans le liquide.

Les décoctions

Cette préparation demande un peu plus d'efforts que les précédentes. On coupe grossièrement les racines d'ortie (100 g pour 1 litre d'eau) et on les laisse tremper 24 heures. Puis on place le tout dans un faitout en inox muni d'un couvercle, et l'on fait chauffer jusqu'à l'ébullition, que l'on maintient pendant 20 à 30 minutes. Afin que les gouttes de condensation retombent dans la décoction, il convient de disposer le couvercle à l'envers. Puis conservez-le durant tout le temps du refroidissement de la potion obtenue. Il suffit ensuite de passer la décoction au travers d'un banal filtre à café. Cette préparation ne se conserve pas plus d'une journée : au-delà, elle s'acidifie et fermente. Seule capable d'extraire certains composants végétaux, elle est très puissante et est de préférence appliquée sur les arbres, arbustes ou plantes ligneuses.

EXTRAITS D'ORTIE SUR ORDONNANCE

Ni engrais, ni pesticides, les extraits végétaux sont des éliciteurs qui stimulent les défenses naturelles des plantes. Pourquoi et comment les utiliser ? Nous vous présentons ici non pas des règles d'application, mais des indications issues de l'observation de nombreux jardiniers. Ce ne sont que des recommandations.

Composition de l'ortie (en ppm)

Azote total	595
Azote nitrique	5
Azote ammoniacal	240
Azote organique	20
Potassium	630
Calcium	730
Sulfate	5
Fer	2,5

(AL)CHIMIE

Il est bon de rappeler que les études démontrant l'efficacité de l'ortie comme éliciteur (voir p. 25) en sont à leurs balbutiements. Aussi ne peut-on encore rien affirmer quant à la corrélation entre les très nombreux composants de la plante et leurs effets. Car l'ortie est un véritable cocktail de minéraux, d'oligoéléments et de substances variées. Aux éléments mesurés viennent en effet s'ajouter l'acide folique, le zinc, le cuivre, la silice, le calcium, le soufre, le manganèse, les phytolectines...

FAIRE FUIR LES INSECTES

Ne vous attendez pas à trouver un cimetière de cadavres de pucerons tombés sous les pulvérisations d'extraits d'ortie. Bien que certaines préparations soient réputées comme insecticides, elles agissent en réalité en bloquant la ponte des ravageurs. Elles gênent leur développement ou favorisent l'apparition des formes ailées qui s'envoleront loin des plantes traitées.

Les extraits d'ortie vous permettront de lutter contre trois sortes de parasites :

Pucerons verts, noirs
Infusion de feuilles fraîches ou sèches, employée pure, pulvérisée sur les colonies de pucerons, si celles-ci sont réellement trop préoccupantes.

Carpocapse
Prévoyez deux traitements début avril (dès que l'on détecte 3 papillons dans les **PIÈGES À PHÉROMONES**), puis un dernier en mai.

- Macération de feuilles fraîches, employée pure.
- Décoction de feuilles fraîches, employée pure.

PIÈGES À PHÉROMONES

Les pièges à phéromones reproduisent les hormones sexuelles des papillons. Les mâles peuvent parcourir des kilomètres, attirés par l'odeur diffusée par des capsules placées sur une planchette engluée. Le jardinier n'a plus qu'à compter le nombre de papillons piégés pour détecter le début de l'attaque du parasite et estimer son importance.

Acariens

Pulvérisez l'extrait végétal sur les plantes en cas de fortes attaques, en veillant à ne toucher que le dessous du feuillage.

- Macération de feuilles fraîches, employée pure. Prévoyez trois traitements, répartis sur 1 mois.
- Décoction de feuilles fraîches, employée diluée à 20 %. Traitez le soir, trois fois à 1 semaine d'intervalle.
- Infusion de feuilles sèches, employée pure.

Des études ont montré que cette pulvérisation pouvait entraîner la mortalité de 80 à 97 % des acariens jaunes et rouges. Pour lutter contre ces derniers, les psylles et les pucerons (tous parasites des arbres fruitiers, à pépins notamment), un mélange semble très efficace. Il associe à l'infusion d'ortie celle de prêle sèche, l'acide salicylique contenu dans ce végétal réagissant fortement avec les amines de l'ortie.

Repousser les champignons

Généralement employée contre les maladies, la racine de l'ortie devrait son action (une inhibition de la croissance des champignons) à une substance – de la famille des phytolectines –, dont elle est fort riche (de 0,5 à 3 %). Vous pulvériserez la préparation préventivement au moment du gonflement des bourgeons, avant et après la floraison.

Moniliose, tavelure, rouille grillagée du poirier

- Décoction de racines, employée pure.

On conseille souvent d'utiliser cet extrait d'ortie mêlé à une décoction de prêle.

Oïdium du pommier

- Décoction de racines, employée pure.

L'adjonction d'un extrait fermenté de feuilles de sureau noir (1 kg pour 10 litres d'eau), dilué à 20 %, aurait un effet spectaculaire, aussi bien préventif que curatif. Il est recommandé de le tenter également pour lutter contre l'oïdium des rosiers qui, comme le pommier ou encore le poirier, appartiennent à la famille des Rosacées.

Pourriture grise du fraisier

- Décoction de racines, employée pure.

Cette maladie est due au botrytis, un champignon opportuniste qui attaque les fraisiers déjà affaiblis et qui peut proliférer les années humides. Vous pouvez aussi accompagner les pulvérisations d'autres soins : apport de paillage, élimination des parties déjà atteintes, etc.

Fonte des semis

- Infusion de feuilles fraîches ou sèches, à pulvériser sur le terreau après le semis, employée pure pour faire tremper les graines avant le semis.

MÉMO

La fonte des semis est causée par un cocktail de divers champignons du sol (parfois aussi présents dans le terreau). Elle empêche la levée des graines ou provoque le dépérissement des jeunes pousses.

Biostimuler

Lutter contre la chlorose

- Extrait fermenté, dilué à 20 % pour un arrosage au pied des plantes ou dilué à 5 % pour une pulvérisation foliaire.
- Infusion d'ortie fraîche, employée pure, en pulvérisation foliaire.

Après l'application d'extraits d'ortie, le feuillage reverdit visiblement. Mais attention : si les pulvérisations peuvent gommer les symptômes de la **CHLOROSE**, elles n'en éliminent pas les causes, bien souvent dues à un excès de calcaire dans le sol.

CHLOROSE

La chlorose est causée par une carence en fer qui entraîne un dysfonctionnement de la photosynthèse. La chlorophylle (pigment vert) ne se constituant pas normalement, on assiste à une décoloration des feuilles des végétaux.

Favoriser le développement et accélérer le compostage

- Extrait fermenté, dilué à 10 % pour un arrosage, 20 % pour une pulvérisation.

L'ortie peut également être apportée sous forme de feuilles fraîches dans le compost et dans les trous de plantation.

Après la grêle

• Extrait fermenté, dilué à 50 %, en pulvérisation foliaire, 7 jours après la grêle.

Lorsque leur feuillage est blessé par des grêlons, les plantes réagissent par la « mélanisation » : elles sollicitent les phénols qu'elles contiennent pour fabriquer une barrière (souvent de coloration rouge) autour des points d'impact. Les végétaux pansent leurs blessures, en quelque sorte. Très riche en phénols, le purin d'ortie favorise cette mélanisation. Dans le verger, on recommande d'ajouter au purin d'ortie du **CUIVROL**, à raison de 3,5 kg par hectare.

CUIVROL

Le cuivrol est un produit souvent vendu au rayon des engrais foliaires, qui contient du cuivre, mais aussi du bore, du zinc et d'autres oligoéléments.

L'ART DE L'ASPERSION

Utiliser les extraits d'ortie d'accord, mais quand et comment ? Avec quel outil ? Le soir ou à n'importe quel moment de la journée ? En mélange ou non ? L'emploi de ces préparations végétales demande une pratique très facile à appréhender.

MÉMO

Les gouttelettes émises par votre pulvérisateur deviennent plus grosses ? Des débris végétaux doivent boucher les buses. Dévissez-les et nettoyez-les à l'eau (ainsi que le pas de vis du pulvérisateur), puis soufflez fort dessus. Avant de les remettre en place, filtrez l'extrait d'ortie.

Arrosoir ou pulvérisateur ?

Les pionniers de l'utilisation des purins d'ortie ou d'autres extraits végétaux l'affirment : la pulvérisation est préférable à l'arrosage, même pour traiter le sol. En effet, les gouttelettes de la préparation, très fines, pénètrent mieux les tissus végétaux et semblent plus efficaces. Une pulvérisation de purin d'ortie sur le feuillage, employée comme engrais foliaire, aurait des effets parfois spectaculaires. Autre avantage du pulvérisateur : il évite bien souvent les surdosages, fréquents lors de l'arrosage.

Ne remisez pas votre arrosoir pour autant ! Il peut être utilisé pour appliquer des extraits végétaux dans des espaces restreints : petits massifs, plantes en jardinières et autres potées... Vous veillerez alors à diminuer la dilution, par exemple en la ramenant à 10 % lorsque le taux recommandé est de 20 %.

Les propriétaires de grandes surfaces, de longues haies et de verger gagneront à employer un atomiseur, quitte à l'acheter avec plusieurs voisins. Ce pulvérisateur, qui enveloppe les plantes d'un jet très fin, d'une brume, permet de traiter parfaitement les arbres. À défaut, vous pouvez aussi vous tourner vers des pulvérisateurs à pompe électrique.

Que signifient concrètement les pourcentages de dilution ?

5 % : 1/2 verre de vin d'extrait + 10 litres d'eau

10 % : 1 litre d'extrait + 9 litres d'eau

20 % : 2 litres d'extrait + 8 litres d'eau

En pratique

Juste avant l'application, remplissez à moitié l'arrosoir ou le pulvérisateur, avec une eau de qualité : tempérée, sans chlore ni calcaire. Veillez à bien respecter la dilution recommandée. Versez alors l'extrait d'ortie (dosé exactement, tout surplus serait du gâchis), puis complétez avec de l'eau. Ajoutez éventuellement un mouillant avant de brasser le liquide pendant plusieurs minutes.

Vaporisez suffisamment (sans oublier le dessous des feuilles et le cœur des plantes)... mais sans excès. Les végétaux traités doivent être humides et non dégoulinants après votre passage.

Quand pulvériser ?

Le plus tôt possible ! Anticipez les besoins des plantes de votre jardin. Pulvérisez les végétaux en prévision de certains stress (plus ou moins grands et certains très naturels) : les semis et repiquages, les transplantations, les greffes et tailles qui occasionnent des blessures, etc. Agissez de même lorsque s'annonce une période prolongée de froid ou de canicule, ou que des attaques de maladies ou de ravageurs sont chroniques dans le jardin.
Pour autant, n'appliquez pas systématiquement les extraits d'ortie à la moindre attaque de ravageurs ou de maladie ! Les purins, infusions et autres macérations ne servent pas à éradiquer les populations de pucerons par exemple, mais simplement à les limiter. Il doit rester quelques parasites pour retenir dans le jardin les larves de coccinelles, les mésanges et autres auxiliaires.

Sur des plantes réceptives

MÉMO

Les jardiniers qui utilisent des extraits végétaux conseillent souvent d'appliquer :
- les stimulants le matin ;
- les répulsifs et insecticides le soir.

Quant aux préparations destinées à lutter contre les maladies, elles peuvent a priori être pulvérisées à n'importe quel moment de la journée.

Nous l'avons vu, l'usage des extraits végétaux ne se prête pas aux recettes figées. S'il est possible de déterminer des moments, dans la journée, plus propices à la pulvérisation de telle ou telle préparation, on n'opèrera que lorsque les plantes en bénéficieront vraiment. On évitera ainsi les périodes où le végétal a soif (on attendra le lendemain d'un apport d'eau copieux) et les épisodes de sécheresse. Idéalement, l'hygrométrie doit être de 45 à 60 % : en dessous, les préparations pourraient brûler les végétaux, au-dessus, elles seraient inefficaces – ce qui est également le cas lorsque les températures sont inférieures à 12-14 °C, l'assimilation des feuilles et des racines étant par trop ralentie.
Si vous le pouvez, pulvérisez purins, décoctions et autres infusions d'ortie après la pluie, lorsque le feuillage des plantes a séché ; c'est alors que les végétaux en profiteront le mieux. Évitez, en revanche, d'appliquer ces préparations lorsque des orages ou une période fortement pluvieuse menacent ; les précieuses substances seraient promptement lessivées.

Calendrier

Les pulvérisations peuvent débuter en fin d'hiver, aux environs de février. Elles consisteront alors essentiellement en l'application, sur le terrain, d'un purin d'ortie qui, dilué à 20 %, agit comme biostimulant en favorisant la remontée de la sève et en réveillant les micro-organismes du sol.
La même préparation (avec la même dilution) peut être utilisée au printemps, pour favoriser la croissance et le développement

des plantes. On conseille alors de pratiquer les pulvérisations une fois tous les 15 jours et ce, jusqu'en juillet.
À cette période et durant tout l'été, ce sont les préparations (décoction, infusion...) repoussant les ravageurs et prévenant les maladies qui seront utilisées, en cas de besoin, dans le jardin. En automne, pour préparer les plantes et le sol, pulvérisez sur ce dernier (inutile d'asperger des feuilles qui chuteront bientôt) des extraits d'ortie fermentés.

Cocktails... à improviser

Pourquoi ne pas mélanger purins d'ortie et de tanaisie ? Certains cocktails, en conjuguant les vertus de chaque extrait végétal, semblent en multiplier les effets. Le mélange de purins d'ortie, de consoude et de prêle est ainsi plébiscité pour ses actions

MÉMO

Ne multipliez pas inutilement les pulvérisations. Un passage tous les 10 à 15 jours durant la belle saison suffit pour les plantes herbacées : légumes, fleurs, pelouse... Les arbres et autres végétaux ligneux se contenteront de trois ou quatre traitements par an aux moments clés de leur développement : débourrement (lorsque les écailles des bourgeons s'entrouvrent), nouaison (lorsque les fruits se forment)...

Ortie et consoude, deux vedettes des extraits végétaux ?

reminéralisantes et dynamisantes. Ou encore l'association de l'ortie, de la consoude et de la fougère qui, à ces qualités revitalisantes, ajoute une fonction insectifuge, voire insecticide.
Vous pouvez également tester d'autres combinaisons. Mais une règle s'impose : ne mélangez que des extraits végétaux. Ne versez pas différentes plantes dans le bac de fermentation, la durée de celle-ci différant selon les végétaux. Ainsi, si le chardon fermente en quelques jours, il faudra parfois plus d'un mois à la mélisse pour atteindre ce stade.

Des additifs bien pratiques

Connaissez-vous les « mouillants » ? Ces produits doivent leur appellation à leur aptitude à « s'accrocher » aux racines (on les désigne alors souvent comme « pralin »), aux feuilles et autres organes végétaux. Additionné de mouillant, un extrait végétal ruissellera moins sur les plantes et sera donc plus efficace. En règle générale, on estime ainsi qu'un mélange avec mouillant évite de perdre un tiers de la préparation.

Savon noir

Souvent vendu au rayon des insecticides, le savon noir est particulièrement efficace contre les pucerons, les cochenilles et les acariens ; en les recouvrant, il les asphyxie et détruit leur carapace. C'est également un excellent mouillant qui s'emploie à raison de 100 g pour 10 litres de préparation. On trouve par ailleurs dans le commerce des « savons noirs liquides », fabriqués à base de produits d'origine végétale et enrichis à l'huile de lin. On conseille alors de les diluer dans un peu d'eau tiède avant de les mêler à l'extrait végétal.

Terpènes

On vante souvent les mérites des produits à base de terpènes de menthe qui adhèrent totalement aux feuilles et qui posséderaient en outre une légère action insecticide. Mais, difficiles à trouver, ils peuvent être remplacés par des substances à base d'alcool terpénique extrait de l'huile de pin. Tout aussi efficaces, celles-ci permettent en plus de parfumer agréablement toutes les préparations de traitements. Elles s'utilisent à raison de 10 ml pour 5 litres d'extrait végétal.

Argile verte

Facile à trouver en magasin diététique ou simplement en pharmacie, l'argile verte constitue un très bon mouillant. Pour éviter les grumeaux qui pourraient boucher les buses du pulvérisateur, vous la diluerez soigneusement dans un bol, avec un peu d'eau, avant de la mélanger à l'extrait végétal. Comptez 2 à 3 cuillerées à soupe d'argile pour 10 litres d'eau.

Je conseille

« Je connais une façon très simple d'utiliser l'argile verte comme mouillant : je la laisse tremper une nuit dans de l'eau et, le lendemain, je n'utilise que le liquide en suspension. »

UN PETIT TOUR DU JARDIN

Des tomates jusqu'aux plantes d'intérieur, de nombreux végétaux pourront bénéficier des extraits d'ortie. Petite balade dans le jardin…

Dans le potager

Faites tremper les graines dans du purin d'ortie pur, durant une demi-journée, et laissez-les sécher avant de les semer. Cette technique semble faire merveille sur les semences de salades, notamment de mâche. Pourquoi ne pas tenter l'expérience avec des graines de végétaux capricieux à la levée comme le persil, le panais ou autre ?

Attendez quelques jours après le repiquage pour pulvériser un purin d'ortie le soir, sur le sol, autour des plants. Ou mieux encore : mêlez cet extrait fermenté à celui de la consoude. Ce traitement favorise la reprise du système racinaire en profondeur.

Certaines plantes gourmandes en humus et exigeantes en chaleur (tomates, melons...) apprécient les pulvérisations fortifiantes de purin d'ortie dilué à 20 %, tous les 10 à 15 jours.

En cours d'été, afin de lutter contre le mildiou, le jardinier a souvent recours à des pulvérisations de bouillie bordelaise. La mélanger à du purin d'ortie dilué à 10 % permet d'abaisser sa dose au dixième des recommandations classiques.

MÉMO

Laissez pousser des orties non loin du potager. Vous glisserez leurs feuilles dans les trous de plantation des tomates et les mettrez dans le compost où elles joueront un rôle d'activateur.

Auprès de mon arbre

Après la taille, les conifères apprécient des pulvérisations de macération d'ortie.

Lilas, charmille et autres arbustes bénéficieront, en juin, des effets toniques du purin d'ortie dilué à 5 % et mêlé de purin de consoude dilué à 10 %.

Le même mélange d'extraits fermentés de consoude et d'ortie fera merveille appliqué sur les arbres fruitiers après leur récolte, afin de les aider à reconstituer leurs réserves nutritives.

Faites tremper la motte des arbustes (ou les godets des plantes vivaces) pendant quelques heures dans un extrait fermenté d'ortie dilué à 20 %, cela favorisera l'installation de leurs racines après la plantation.

MÉMO

Attention lors de l'arrosage (ou de la pulvérisation au sol) d'un arbre : appliquez la préparation non pas à son pied mais à l'aplomb de sa couronne, là où se trouvent les radicelles.

Zoom sur les rosiers

Rois dans les jardins d'ornement, ces arbustes sont bien souvent affligés d'une kyrielle de maladies (notamment la maladie des taches noires) et la proie des ravageurs. Pour les aider à résister, pulvérisez-les, dès le mois de mars, avec du purin d'ortie dilué à 5 %. Renouvelez le traitement en arrosant au pied, en septembre, puis en novembre, après la chute des feuilles. Et bien sûr, ramassez et brûlez ces dernières : elles contiennent souvent les spores de champignons en hivernage.

Les plantes d'intérieur aussi !

Pour revigorer vos plantes vertes, je vous propose de mettre en pratique cette astuce maison : immergez-les pendant 24 heures dans une bassine remplie de purin d'ortie dilué à 15 %. Il est recommandé de renouveler l'opération trois ou quatre fois par an.

LA GUERRE DE L'ORTIE

Vous en avez certainement entendu parler… En 2006, suite à la nouvelle Loi d'orientation agricole et à l'arrestation d'un professionnel utilisateur d'extraits végétaux, le purin d'ortie, entre autres, semblait devenu totalement illégal. Retour sur l'affaire et ses conséquences actuelles.

Dans le cadre de la loi

Dans un souci de protection de l'utilisateur, des consommateurs et de l'environnement, tout produit phytopharmaceutique doit, depuis 1943, pour être commercialisé, faire l'objet d'une évaluation de ses risques et de son efficacité. L'homologation accordée, le produit peut alors obtenir son AMM : Autorisation de Mise sur le Marché.

La Loi d'orientation du 5 janvier 2006 ne remet pas en cause cette homologation indispensable. Bien au contraire, elle y ajoute l'interdiction de recommander l'usage de produits sans AMM.

Amalgames

C'est l'article 70 de cette loi qui a déclenché la polémique, en considérant comme produits pharmaceutiques, au même titre que les phytosanitaires issus de la chimie de synthèse, les préparations exerçant « une action sur les processus vitaux des végétaux ».
Or le purin d'ortie et autres extraits végétaux ne font pas l'objet d'un processus de fabrication défini. Obtenues à base de produits récoltés (et donc variables puisque dépendant du sol, du climat...), ces préparations ne peuvent logiquement obtenir ni homologation, ni donc autorisation de mise sur le marché.

MÉMO

Les produits phytopharmaceutiques sont légalement définis comme « des préparations contenant une ou plusieurs substances actives et les produits composés en tout ou partie d'organismes génétiquement modifiés présentés sous la forme dans laquelle ils sont livrés à l'utilisateur final, destinés à :
a) protéger les végétaux ou produits végétaux contre tous les organismes nuisibles ou à prévenir leur action ;
b) exercer une action sur les processus vitaux des végétaux, dans la mesure où il ne s'agit pas de substances nutritives ;
c) assurer la conservation des produits végétaux [...] ;
d) détruire les végétaux indésirables ;
e) détruire des parties de végétaux, freiner ou prévenir une croissance indésirable des végétaux. »

Nuance

Contrairement à ce qui a souvent été affirmé, il semblerait que, même au lendemain de cette loi, les jardiniers et les agriculteurs puissent continuer à confectionner leurs propres extraits végétaux. Et ils conservent le droit, tout comme les journalistes, de diffuser les recettes de préparations végétales « maison ».
En revanche, aucun d'entre eux, amateurs compris, ne peut non seulement commercialiser un bidon de purin d'ortie (par exemple) mais encore, l'ayant acheté, le prescrire ou le recommander. Ni même le donner !

Réactions

L'application de cette nouvelle loi s'est rapidement traduite par l'arrestation d'Eric Petiot, un arboriculteur utilisant dans sa pratique des huiles essentielles et autres extraits végétaux et diffusant ses connaissances lors de stages. Il lui a été reproché « la recommandation de produits phytopharmaceutiques non autorisés ». Les médias se sont emparés de l'affaire ; l'opinion publique s'est indignée. La Guerre de l'ortie avait bel et bien démarré.

Et les PNPP furent

Un vrai soutien vis-à-vis des préparations naturelles s'installant, les politiques se penchent sur « l'affaire du purin d'ortie ». Et créent un article, dans le cadre de la loi sur l'eau votée en décembre 2006, qui détermine que les dispositions de la Loi d'orientation agricole ne « *s'appliquent pas aux préparations na-*

turelles peu préoccupantes qui relèvent d'une procédure simplifiée, fixée, ainsi que la définition de ces préparations, par décret. »
Le purin d'ortie mais aussi l'extrait de prêle, l'huile essentielle d'ail ou autres extraits végétaux se trouvent ainsi qualifiés de Préparations Naturelles Peu Préoccupantes, les PNPP.

À suivre...

Depuis début 2007 la vente des PNPP est tolérée, à la condition que sur l'emballage de ces produits ne figure aucune prescription. Le projet de loi dit « Grenelle II » comporte toujours une obligation d'agrément pour toute commercialisation et utilisation de produits phytopharmaceutiques, ainsi que pour toute communication, même générique, sur leur intérêt. Mais sans dérogation pour les PNPP.
La lutte pour ajouter un amendement à la loi d'orientation agricole de 2006 reste toujours d'actualité.

Le jardin d'orties de Melle

C'est en août 2006 que le célèbre paysagiste Gilles Clément découvre à Melle, dans les Deux-Sèvres, le lieu de son premier « Jardin de Résistance ». En observant le Parc de la Maladrerie, planté de saules, traversé par un ruisseau et couvert des fameuses plantes piquantes, il décide d'y créer un jardin d'eau (avec maintien du milieu aquatique, installation de bassins de lagunage notamment)... et un jardin d'orties.
Pour son créateur, cet espace « *met en œuvre l'usage horticole de l'ortie utilisé dans le jardinage biologique de purin d'ortie pour renforcer l'immunité des végétaux en évitant les traitements. Il dénonce les aberrations de la Loi d'orientation qui aboutissent à la marchandisation du bien commun et à sa commercialisation par le brevetage du vivant.* »
Dans le jardin d'orties, le visiteur est invité à circuler dans le labyrinthe tracé par les chemins aménagés au milieu des urticacées. Il est également incité à repartir muni de son flacon de purin d'ortie, qu'il aura rempli à une « fontaine à extraits végétaux » en fer forgé. Un don qui se répète pour les jardiniers mellois (ou d'ailleurs) sur les marchés hebdomadaires, du 15 juin au 30 juillet. Durant cette période, les jardiniers de la ville offrent gracieusement le purin d'ortie fabriqué dans le jardin de Melle.

MÉMO

« *Par* jardin de résistance *il faut entendre l'ensemble des espaces publics et privés où l'art de jardiner [...] se développe selon des critères d'équilibre entre la nature et l'homme sans asservissement aux tyrannies du marché mais avec le souci de préserver tous les mécanismes vitaux, toutes les diversités – biologiques ou culturelles – dans le plus grand respect des supports de vie (eau, sol, air) et dans le plus grand souci de préserver le bien commun et l'humanité tributaire de ce bien commun.* »
(Gilles Clément)

CULTIVER L'ORTIE

Si cette plante pousse spontanément à proximité de chez vous, il devrait s'avérer facile de cultiver un massif d'ortie… voire de l'utiliser comme engrais vert dans le potager.

MÉMO

L'ortie a très longtemps été cultivée. Elle faisait l'objet de véritables plantations au Moyen Âge. Sa culture a perduré jusqu'à la Seconde Guerre mondiale en Allemagne et dans certains pays d'Europe de l'Est.

Une culture de sol riche

L'ortie pousse sur tout type de sol, même caillouteux ou peu profond, à condition que le terrain soit très riche en humus et en minéraux, et plus particulièrement en fer. L'ortie est une des rares plantes à pousser dans des milieux saturés en azote et en fer : elle prospère ainsi dans les tas de fumier ou de ferraille. Vraie dépolluante, elle absorbe l'excès de ces minéraux et les restitue, en se décomposant, sous une forme assimilable pour les autres plantes. Voilà donc un formidable engrais vert qui occupera le terrain durant 2 à 4 ans, à votre convenance.

Ortie annuelle : à semer

Vous sèmerez, en septembre, les graines de la petite ortie. Vous les aurez préalablement récoltées en fauchant les plantes qui les portent en août, ou du moins juste avant que les semences n'arrivent à maturité. Les orties, déposées sur un drap, libèrent seules leurs graines. Pour une belle culture en place, vous veillerez à bien faucher les orties avant leur floraison pour éviter tout semis spontané.

MÉMO

Quels soins donner à votre culture d'ortie ? Des apports de matières organiques (fumier, tontes de pelouse…), sont d'autant plus abondants que votre sol n'est pas très riche. Aucun autre traitement n'est nécessaire : nulle mauvaise herbe ne se risque au milieu des orties qui résistent sans aide aux attaques de champignons et ravageurs !

Grande ortie : à planter

Pour cette ortie vivace, vous préférerez au semis (capricieux), la division des longues racines jaunes. Celles-ci étant traçantes, vous réserverez à votre culture un terrain assez conséquent. Sur des lignes espacées de 40 à 50 cm, plantez des tronçons de racines, à intervalle de 15 à 20 cm. Privilégiez la plantation automnale, en septembre-octobre, qui ne demandera pas les arrosages nécessaires à la mise en place printanière. La première récolte se fera dès le printemps suivant et vous pourrez compter sur trois coupes d'ortie par an.

La grande ortie révèle vite sa nature envahissante, mais elle s'avère facile à enrayer. Pour cela, binez et sarclez les allées et les bordures du massif d'ortie : en dégageant ses radicelles, vous limiterez ses velléités d'extension.

Vive la friche

Que vous testiez la culture de l'ortie ou non, laissez toujours une place dans votre jardin pour cette plante injustement mal aimée. Laissez-la pousser près de votre tas de compost, au pied d'une haie… Et, sans songer à la consommer, utilisez ses facultés dépolluantes en la laissant border un jardin voisin un peu trop traité ou une route fréquentée.

L'ortie est aussi un activateur du compost.

EN CUISINE

Non, une fois cuite, l'ortie ne pique plus !
Sa saveur verte, très particulière, fait merveille dans de nombreux plats, de l'entrée jusqu'au dessert. À tester avec gourmandise !

DÉLICIEUSE ET À PORTÉE DE MAIN

Souvent boudée en raison de son image de légume de disette, l'ortie est pourtant un véritable plaisir en cuisine. Non seulement elle apporte de la verdure à une époque où le potager est dépeuplé, mais elle réjouit par ses vertus gastronomiques.

MÉMO

L'ortie est consommée depuis la nuit des temps. On a trouvé ses graines dans les habitats du néolithique, et elle était, semble-t-il, fort appréciée dans la cuisine antique. Pline, dans un de ses écrits, cite 60 recettes à base d'ortie. Jusque assez récemment, l'ortie bénéficiait du même engouement que le pissenlit dans les cueillettes printanières.

La cueillette

La plante se récolte jeune et tendre, avant qu'elle ne devienne fibreuse, en avril-mai. « Avant l'arrivée des hirondelles », préconisaient les Grecs de l'Antiquité. Ensuite, il est encore possible de la cueillir, mais en se contentant de prélever les jeunes pousses, composées de 4 à 6 feuilles. Plus tard en saison, attendez les graines que vous pourrez grappiller, mais négligez les feuilles âgées qui ont une saveur désagréable. Par ailleurs, ces dernières renferment un taux de carbonate de calcium qui peut s'avérer irritant pour les reins. Vous pouvez noter que, annuelle, la petite ortie (*Urtica urens*), qui se consomme comme sa grande cousine, n'a pas cet inconvénient.
Vous trouvez la période de récolte des orties limitée ? Fauchez-les après chaque cueillette : elles vous fourniront leur repousse presque tout l'été.

Attention

Ne cueillez pas les orties n'importe où : évitez les bords de routes très fréquentées, les décharges et les endroits qui ont été désherbés chimiquement. Cela vaut bien sûr pour la récolte de toutes les plantes sauvages, mais plus particulièrement pour celle de l'ortie. En effet, cette plante fixe les métaux lourds, les métabolites de pesticides, les nitrates... Si ces vertus dépolluantes sont très appréciées dans le jardin, elles n'ont évidemment pas leur place en cuisine.

Aïe, ouille !

Piquante ortie... À la cueillette, vous préviendrez ses morsures en vous gantant et en évitant de vous agenouiller dans un massif d'orties. Dans la cuisine, les plantes perdent leur piquant

par la cuisson (un simple passage sous l'eau chaude suffit), le hachage et le séchage. Donc, affirmons-le bien haut : aucune préparation à base d'ortie ne pique !
Les orties peuvent s'utiliser crues, notamment en pesto. Cuites, elles serviront de garnitures ou de base de plats. Poêlées, à l'eau bouillante, à la vapeur ou à l'étouffée (sur un lit d'oignon, d'ail ou d'échalote)... ses techniques de cuisson sont toutes simples et très rapides : de 5 à 8 minutes au maximum.

Je conseille

« Le plus connu des pestos est le "pistou" qui mêle basilic broyé, ail, huile d'olive et, parfois, parmesan et pignons de pin. Inventez votre propre pesto d'ortie en hachant les feuilles fraîches avec, par exemple, du fromage de chèvre râpé, des cerneaux de noix ou des noisettes, et l'huile tirée de ces mêmes fruits... »

N'oubliez pas vos gants !

VITE FAIT, BIEN FAIT

Que mettre au menu du repas de ce soir? Ne vous contentez plus d'ouvrir votre placard, allez donc faire un tour dehors. Quelques poignées d'ortie suffisent pour improviser des plats simples et rapides à préparer.

À L'ANGLAISE : MUFFINS SAUVAGES

Pour 6 gros muffins

(ou une douzaine de petits muffins)

* 100 g de feuilles d'ortie fraîche
* 375 g de farine
* 1 cuil. à soupe de levure chimique
* 140 g de parmesan ou de fromage râpé
* 125 g de beurre fondu
* 2 œufs légèrement battus
* 25 cl de lait
* quelques tomates séchées
* graines de pavot ou de sésame
* sel, poivre

Faites cuire à l'eau les orties pendant 3 minutes. Récupérez le jus de cuisson en l'ajoutant au lait. Hachez les plantes cuites et mélangez-les avec les tomates réhydratées.

Faites préchauffer le four à 210 °C (th. 7).

Dans une terrine, versez la farine, la levure, le fromage, les orties et les tomates, du sel et du poivre. Mélangez soigneusement.

Ajoutez, en une seule fois, le beurre fondu, les œufs légèrement battus et le lait. Le mélange forme des grumeaux ? Cela est normal, voire nécessaire !

Versez la pâte dans des moules à muffins beurrés, saupoudrez de graines et enfournez 20 minutes.

Je conseille

« Si, comme moi, vous constatez que la levure chimique semble ne pas vouloir faire son effet dans vos plats, remplacez-la par des sachets de levure sans phosphate, vendus dans des boutiques de produits bio. »

Parfum d'Italie : frittata à l'ortie

Dans une poêle chaude, versez 1 cuillerée à soupe d'huile. Faites revenir ensemble les orties, l'oignon, les courgettes et l'ail.

Versez dans un saladier et laissez refroidir. Ajoutez le fromage, le jambon, du sel, du poivre et les œufs.

Faites à nouveau chauffer la poêle, versez le reste d'huile et, quand celle-ci est bouillante, ajoutez la préparation. Laissez cuire à feu doux une dizaine de minutes avant de servir bien chaud.

Je conseille

« Hachée crue ou cuite, l'ortie se glisse dans toutes sortes de préparations culinaires... qu'elle transforme à coup sûr. Pensez-y pour les omelettes, les pâtes, les risottos, les salades de crudités, les fromages frais, etc. »

Pour 4 personnes

* 100 g de feuilles d'ortie
* 1 gros oignon émincé
* 2 courgettes moyennes détaillées en fins bâtonnets
* 250 g de jambon blanc
* 1 gousse d'ail écrasée
* 5 œufs légèrement battus
* 4 cuil. à soupe de parmesan râpé
* 2 cuil. à soupe d'huile d'olive
* sel, poivre

La Chandeleur réinventée : crêpes vertes

Pour 4 personnes

* 2 poignées de feuilles d'ortie
* 250 g de farine
* 4 œufs
* 1,2 litre de lait

Passez les orties sous l'eau et hachez-les crues.

Dans une terrine, versez la farine. Formez un puits au centre duquel vous ajouterez les œufs. Mélangez, puis délayez progressivement avec le lait, de façon à obtenir une pâte homogène.

Si vous le pouvez, attendez 2 heures.

Ajoutez les orties à la pâte juste avant de faire cuire les crêpes.

variante

Servez avec un fromage frais parfumé à l'ail et aux fines herbes.

FAITES-EN TOUT UN PLAT !

Lorsque l'on parle de cuisiner l'ortie, tout le monde évoque la soupe, un classique incontournable. Mais l'ortie peut tenir le rôle de vedette dans de nombreux autres plats. La preuve en quelques recettes...

Soupe à l'ortie

Faites fondre l'oignon ou les échalotes émincées dans l'huile ou le beurre. Ajoutez les feuilles d'ortie et laissez-les fondre environ 3 minutes, jusqu'à ce qu'elles soient tendres.

Saupoudrez de farine et mélangez bien, puis mouillez avec 10 cl d'eau. Lorsque le mélange a épaissi, ajoutez progressivement 90 cl d'eau.

Laissez cuire quelques minutes supplémentaires, puis mixez ou passez au moulin à légumes.

Assaisonnez selon votre goût. N'hésitez pas à rendre la soupe plus gourmande : en ajoutant un peu de crème fraîche (ou un filet d'huile de noix ou de noisette), des croûtons aillés, du gruyère râpé ou du parmesan...

Pour 4 personnes

* 100 g de feuilles d'ortie
* 1 oignon (ou 2 échalotes)
* 2 cuil. à soupe de farine
* 1 cuil. à café d'huile ou 1 noisette de beurre
* sel, poivre

variante

La plupart des recettes de soupe d'ortie comportent une part de pommes de terre, préalablement cuites, que l'on ajoute en même temps que l'eau. Ce féculent peut remplacer la farine employée ici pour épaissir la préparation. Vous pouvez également utiliser du tapioca, de la farine de maïs, des flocons d'avoine ou d'autres céréales.

Sauvage, mais princière !

Une recette de soupe à l'ortie, parce que mise à l'honneur par Louis XIV, est appelée « royale ». Elle mêle à 400 g de feuilles d'ortie 200 g de feuilles de coquelicot, les deux plantes étant ajoutées au même moment.

Soufflé d'ortie, compotée d'oignon

Pour 4 personnes

Pour le soufflé

* 100 g de feuilles d'ortie
* 1 gros oignon
* 1 cuil. à soupe de farine
* 15 cl de lait
* 50 g de beurre fondu
* 3 œufs
* 1 cuil. à café d'huile d'olive
* sel, poivre

Pour la compotée

* 350 g d'oignons
* 100 g de sucre en poudre
* 50 g de beurre
* 5 cl de vinaigre
* 15 cl de vin rouge
* sel, poivre

Émincez l'oignon et faites-le suer avec une cuillerée d'huile d'olive.

Disposez les orties préalablement lavées et hachées sur le lit d'oignon et, à feu doux, laissez-les fondre 3 à 5 minutes. Saupoudrez de la farine et mélangez bien. Hors du feu, incorporez un peu de lait. Après avoir remis la préparation à chauffer, ajoutez progressivement le reste du liquide, jusqu'à obtenir une béchamel parfumée à l'ortie. Préchauffez le four à 180 °C (th. 6).

Préparez le soufflé : mélangez à la crème d'ortie le beurre fondu, les 3 jaunes d'œufs battus puis, délicatement, les blancs battus en neige ferme. Assaisonnez à votre goût. Enfournez et laissez cuire 25 minutes.

Pendant ce temps, faites cuire les oignons émincés dans le beurre, avec le sucre et le vinaigre. Salez et poivrez. Enfin, mouillez avec le vin et laissez cuire tout doucement jusqu'à obtention d'une compote épaisse.

Servez le soufflé accompagné de la compotée d'oignon chaude.

suggestion

Pour accentuer le velouté de la compotée d'oignon, ajoutez avec le vin un peu de crème de cassis, ou même de la grenadine.

Je conseille

« J'adore varier la composition de la béchamel. À la base, pour la confectionner, il faut de la matière grasse, un élément solide et un liquide. Je remplace le beurre par de l'huile, le lait par du bouillon (du vin blanc, du lait d'amande…), la farine de blé par celle de sarrasin, de pois chiches… »

Millefeuille croustillant de chèvre frais et d'ortie, crème à l'ail

Badigeonnez, au pinceau de cuisine, les feuilles de brick de beurre fondu (ou d'huile) et saupoudrez-les de graines de sésame avant de les faire dorer quelques instants sous le gril du four.

Faites fondre les échalotes émincées et mouillez-les avec le vin blanc. Laissez mijoter quelques minutes puis, quand tout le liquide est évaporé, laissez suer les orties pendant environ 3 minutes. Salez et poivrez à votre convenance.

Mêlez du poivre broyé au fromage frais. Alternez les feuilles de brick avec les orties et le fromage.

Préparez la crème à l'ail : laissez cuire à l'eau bouillante les gousses d'ail épluchées, pendant 5 minutes. Passez-les et recommencez l'opération ainsi quatre fois. L'ail cuit donc dans cinq eaux successives. Il est alors très tendre et se mixe aisément dans la crème fraîche. Assaisonnez.

Passez le millefeuille au four quelques minutes si nécessaire avant de le servir, accompagné de la crème à l'ail chaude.

Pour 4 personnes

Pour le millefeuille

* 100 g de feuilles d'ortie
* 500 g de chèvre frais (égoutté)
* 6 grandes feuilles de brick
* 3 échalotes
* 20 cl de vin blanc
* 20 g de beurre fondu (ou 1 cuil. à soupe d'huile)
* 15 g de graines de sésame dorées à la poêle
* poivre en grains broyé
* sel, poivre

Pour la crème

* 15 gousses d'ail
* 25 cl de crème fraîche épaisse

Je conseille

« J'utilise la même recette pour préparer des lasagnes. Dans un plat en terre cuite, j'alterne les feuilles de brick (préalablement humectées avec de l'eau gazeuse), les orties et le fromage de chèvre mêlé de 2 jaunes d'œufs battus et d'un peu de lait. Je couvre avec la crème à l'ail avant d'enfourner. »

Petits flans d'ortie aux parfums de la mer

Pour 4 ou 6 ramequins

* 25 cl d'une soupe d'ortie cuisinée sans pommes de terre (voir p. 55)
* 300 g de saumon
* 200 g de crevettes décortiquées
* 15 cl de vin blanc
* 25 cl de crème fraîche
* 3 œufs
* sel, poivre

Faites chauffer la soupe à feu doux pendant une vingtaine de minutes.

Faites sauter les crevettes dans une cuillerée à café d'huile, jusqu'à ce qu'elles blanchissent avant de les mouiller avec le vin blanc.

Faites cuire le saumon à la vapeur pendant 20 minutes.

Préchauffez le four à 180 °C (th. 6).
Battez légèrement la crème fraîche, puis ajoutez 1 œuf entier et 2 jaunes. Salez et poivrez à votre convenance. Ajoutez la soupe.

Dans des ramequins, disposez quelques morceaux de saumon et des crevettes, puis recouvrez-les de la crème à l'ortie.

Placez les ramequins dans un plat rempli d'eau à mi-hauteur et enfournez. Laissez cuire durant 40 minutes.

Servez les petits flans bien chauds, avec un mesclun parfumé de vinaigre balsamique et relevé de lamelles de parmesan.

Je conseille

« Lorsque je n'ai ni poisson frais, ni crevettes, je mêle divers autres ingrédients aux orties : effilochade de saumon fumé, jambon de pays, bacon ou tranche de lard. »

variantes

Vous disposez d'un fond de pâte feuilletée ou brisée ? Garnissez-en un moule et versez-y la préparation. Enfournez durant 20 à 30 minutes pour obtenir quiches, tartes, feuilletés ou tourtes originaux.
Plus simple encore, la même préparation mais sans les œufs, avec toutes sortes de poissons (truite, brochet...), compose de délicieuses cocottes à cuire sur le feu ou au four.

CURIOSITÉS SUCRÉES

En graines ou feuilles, l'ortie sait se prêter à des variations sucrées en glace, gâteau ou autres confitures. Et si vous la découvriez transformée en dessert ?

Sorbet à l'ortie, sauce au chocolat

Faites chauffer le sucre avec 15 cl d'eau jusqu'à ébullition. Laissez refroidir, puis délayez le sirop avec 30 cl d'eau et ajoutez les orties. Faites de nouveau chauffer quelques minutes. Laissez infuser, puis mixez le tout.

Faites prendre ce confit d'ortie dans une sorbetière.

Préparez la sauce au chocolat en faisant fondre le chocolat dans le lait.

Déposez des boules de sorbet à l'ortie dans les coupes et servez après les avoir nappées de sauce au chocolat.

Pour environ 50 cl de sorbet

* 75 g de pousses d'ortie
* 200 g de sucre en poudre
* 100 g de chocolat en morceaux
* 20 cl de lait

Cookies… surprenants

Pour une dizaine de cookies

* 5 cuil. à soupe de graines d'ortie
* 100 g d'amandes
* 1 œuf
* 70 g de sucre en poudre
* 150 g de farine
* 1 cuil. à soupe de levure chimique
* 70 g de beurre mou
* sel

Préchauffez le four à 180 °C (th. 6). Concassez les amandes plus ou moins grossièrement, selon que vous aimez les cookies moelleux ou croquants.

Battez l'œuf avec le sucre jusqu'à ce que le mélange blanchisse et mousse. Ajoutez-lui les graines d'ortie et les amandes.

Dans un récipient, versez la farine, la levure, une pincée de sel, la préparation précédente ainsi que le beurre fondu.

Déposez des petits tas de pâte sur une plaque graissée. Faites cuire au four pendant 10 minutes.

variante

Remplacez les amandes par 100 g de pépites de chocolat.

Je conseille

« Les graines d'ortie, aux vertus reconstituantes, peuvent ajouter leur saveur particulière à nombre de plats : salades, gratin, omelette, etc. Comme ici, elles sont parfaites dans les desserts. À essayer également dans la pâte à crumble. »

Compote de pommes caramélisées et d'orties confites

Pelez et coupez les pommes en tranches assez fines. Faites-les revenir dans le beurre jusqu'à ce qu'elles soient dorées.

Ajoutez les pousses d'ortie et laissez fondre 1 ou 2 minutes, pas plus.

Saupoudrez de sucre et laissez caraméliser. Mouillez avec le jus de pomme et faites mijoter jusqu'à évaporation de ce dernier.

Servez bien chaud avec des sablés.

Pour 4 personnes

* 40 à 60 g de pousses d'ortie
* 2 pommes
* 10 g de beurre
* 125 g de sucre
* 15 cl de jus de pomme

Gelée d'ortie

Pour 4 petits pots de gelée

* 1 kg d'ortie
* sucre gélifiant

Versez les orties dans une casserole et couvrez-les de 1 litre d'eau. Portez à ébullition et maintenez la cuisson durant 20 minutes.

Récupérez la décoction d'ortie, pesez-la et ajoutez-lui son poids en sucre.

Faites cuire le tout jusqu'à ce que la gelée « prenne », c'est-à-dire lorsqu'une goutte, déposée sur une coupelle froide, se fige.

Je conseille

« La confiture d'ortie est également très simple à réaliser. Faites cuire 1 kg d'orties couvertes d'eau et mêlées de 800 g de sucre gélifiant pendant environ 30 minutes. Mixez ou non avant de mettre en pots. »

DE L'ORTIE... TOUTE L'ANNÉE

Vous n'avez peut-être pas accès tous les jours à des massifs d'ortie ? Qu'à cela ne tienne, il est tout à fait possible de conserver les plantes récoltées pour pouvoir les utiliser toute l'année.

Au naturel ou congelées

Faites blanchir les orties en les plongeant rapidement dans de l'eau bouillante salée. Versez-les ensuite dans des bocaux fermés hermétiquement avant de les stériliser pendant 30 minutes.
Pour congeler les orties, ébouillantez-les de la même manière que pour la stérilisation. Glissez-les dans des sachets de 250 g que vous disposerez dans le congélateur. Attention : pensez à décongeler les orties un quart d'heure avant de les utiliser dans votre préparation culinaire.

Conversion
Avec 150 g d'ortie fraîche, vous obtiendrez :
- 250 g de la plante blanchie et égouttée ;
- 330 g d'orties au naturel ;
- 330 g de coulis, lorsque les plantes sont mixées avec leur eau de cuisson.

Confit et poudre d'ortie

L'ortie se prête également à la confection d'un condiment étonnant et très simple à réaliser : plongez les jeunes pousses dans du vinaigre chaud pendant 1 minute (pas plus), tassez-les dans un bocal avec du poivre en grains, des lamelles d'ail et recouvrez-les d'huile d'olive.
La plante peut aussi sécher en couches fines, sur des claies, dans un lieu obscur et très ventilé, en quelques jours. Si vous avez fait sécher la plante entière (jeune et tendre), effeuillez-la. Vous pouvez réduire les feuilles sèches en poudre, ou les laisser entières avant de les glisser dans des sachets en papier ou des boîtes en fer ou en plastique. L'ortie sèche s'utilise en cuisine comme l'algue : saupoudrée sur les salades, les fromages frais...

AUTRES USAGES

Torchon verdâtre, caille-lait, fibres à récurer, pâtée pour les volailles, fourrage, tisane contre l'acnée, colorant pour les œufs de Pâques… Connaissez-vous vraiment les multiples utilisations de l'ortie ?

L'ORTIE QUI SOIGNE

Si, de tout temps, cette plante a été consommée comme légume, son piquant si particulier la désignait comme une plante médicinale puissante.

Un long éloge

De l'Antiquité jusqu'au XIXe siècle, la médecine populaire de divers pays ne tarit pas d'éloges quant aux vertus médicinales de l'ortie. Cette plante renferme des propriétés pectorale, diurétique et laxative. Elle montre son efficacité contre les ulcères, l'aménorrhée, les suppurations... Que ce soit Dioscoride, Galien ou sainte Hildegarde, aucun médecin au fil des siècles ne semble pouvoir se passer de la plante piquante pour ses soins.
Les croyances populaires, plus ou moins fantaisistes, ont fleuri dans toutes les contrées. Jugez-en ! Dans les Vosges, pour guérir la jaunisse, on recommandait de « pisser sur des orties pendant 9 jours consécutifs ». Ou, pour qu'une femme accouche d'un garçon, son mari veillait à cacher sous son matelas, et à son insu, une poignée d'orties fraîches cueillies au soleil.
À la Renaissance et au Siècle des lumières, l'ortie est toujours un remède sûr, à même de résoudre les cas les plus désespérés. Un ouvrage entier lui est même consacré en 1723. Puis au début du XIXe siècle, elle sombre dans l'oubli. Il lui faudra attendre près d'un demi-siècle pour être « redécouverte », notamment pour ses vertus anti-hémorragiques et anti-anémiques. Aujourd'hui, les études scientifiques ont validé les intuitions empiriques des Anciens et l'ortie est entrée dans la composition de nombre de médicaments.

MÉMO

L'ortie a toujours eu une réputation de plante aphrodisiaque.
Pour enflammer les sens, Dioscoride conseillait une décoction d'ortie et de raisins secs dans du vin. Dans le philtre d'amour qu'il décrit dans son *Art d'aimer,* Ovide n'omet pas, quant à lui, de glisser quelques graines d'ortie...

Cocktail bénéfique

L'ortie contient une quantité impressionnante de substances actives. Elle renferme des acides aminés et organiques, des vitamines (B2, B5, C, E, F, K), des pigments (des caroténoïdes et pas moins de 1,5 g par kilo de feuilles de chlorophylles A et B) et nombre d'oligoéléments : fer, cuivre, zinc, manganèse, nickel... La liste ne s'arrête pas là. Se trouvent encore dans l'ortie des tanins, du formate de sodium, de l'acétylcholine, de l'histamine, de la choline...
Notons par ailleurs sa formidable richesse en protéines qui représentent de 5 à 9 % du poids de la plante fraîche : bien plus que le soja, les lentilles ou d'autres légumineuses. Même la soupe d'ortie est nutritive et bonne pour la santé !
Des recherches prometteuses sont en cours sur les propriétés de l'ortie. Ainsi, ses racines renferment de la stigmasténone (qui limiterait l'apparition des tumeurs bénignes de la prostate) et de la lectine qui, à leur tour, stimulerait les réponses immunitaires de l'organisme.

PAS TOUT À FAIT UNE PANACÉE, MAIS…

Il ne saurait ici être question de prescriptions médicales à appliquer à la lettre ! Mais simplement de recenser les usages médicinaux de l'ortie supposés, parfois même vérifiés.

Contre les rhumatismes, la goutte…

Les propriétés diurétiques des feuilles de l'ortie, certainement dues à leur richesse en nitrates de potassium et en calcium, sont aujourd'hui démontrées. En favorisant l'élimination de l'urée, des ions chlore et de l'acide urique, l'ortie constitue un traitement efficace contre la goutte, ainsi que pour soulager l'arthrite et les rhumatismes chroniques.

- Décoction : à répartir en 48 heures, entre les repas
- Infusion : à volonté

Je conseille

« Lorsque je faisais une bêtise, mémé Anna prenait une poignée d'ortie et m'en menaçait : "Cela te fera circuler le sang !" Un principe plein de bon sens qui motivait de même les frictions d'ortie ou le "bain d'ortie", une flagellation douce (les plantes étaient enveloppées de papier) appliquée en cas de rhumatismes chroniques, apoplexie, léthargie. »

Un hémostatique puissant

En tout cas, telle fut considérée l'ortie pendant des siècles. Au XVIIe siècle, il est écrit que l'ortie est « l'un des plus assurés remèdes pour le crachement du sang et pour les hémorragies ». À l'époque, pour bénéficier de ses vertus, il suffisait d'en faire cuire une poignée dans du bouillon de veau !

En cas de saignements de nez

- Coton imbibé de suc d'ortie
- 100 à 125 g de suc frais par jour, en trois prises
- Sirop : 30 à 60 g par jour

Un dépuratif intéressant

C'est certainement grâce, entre autres, au zinc qu'elle renferme, que l'ortie possède ces qualités astringentes, anti-inflammatoires et dépuratives. Ce même oligoélément, combiné à la présence de vitamine B, d'acide folique et de silice, explique que l'on s'intéresse à la plante pour traiter les ongles cassants, et surtout pour tonifier le cuir chevelu, limiter la chute des cheveux.

Soigner les affections de la peau
- Consommation de jeunes pousses
- Décoction : 2 à 3 tasses par jour
- Infusion de feuilles et de racines : 2 à 3 tasses par jour
- Coton imbibé d'infusion sur l'acné, l'herpès et l'eczéma
- Linge imbibé de macération sur les plaies pour une cicatrisation plus rapide

Lutter contre les angines, aphtes…
- Décoction : 2 à 3 tasses par jour
- Bain de bouche

Tonique du cuir chevelu

Friction avec la macération ou avec une solution obtenue après avoir fait bouillir une dizaine de minutes des racines d'ortie dans du vinaigre

Et encore…

Une consommation alimentaire normale d'ortie suffit pour profiter de ses vertus légèrement diurétiques et laxatives. D'une

façon générale, elle stimule en douceur les fonctions digestives, permettant de contrer lourdeurs et crampes d'estomac.

Contre les diarrhées

- Infusion à volonté

Énurésie

- 1 gâteau de graines chaque soir pendant 15 à 20 jours

Préparations maison

De la classique infusion jusqu'aux originaux gâteaux de graines, voici quelques recettes, toutes très simples à préparer, pour pouvoir utiliser l'ortie en phytothérapie.

Infusion

Faites chauffer 50 g de feuilles et de racines, jusqu'à ébullition, dans 1 litre d'eau. Laissez infuser durant 20 minutes.

Décoction

Versez 40 à 60 g de feuilles d'ortie dans 1 litre d'eau, puis laissez bouillir durant 10 minutes.

Bain de bouche

Faites une décoction comme indiqué ci-dessus, mais en réduisant la proportion d'eau à 50 cl et en laissant cuire 30 minutes après l'ébullition.

Suc frais

Exprimez le jus de l'ortie à l'aide d'une centrifugeuse ou d'un presse-ail. Pour l'utiliser, diluez le jus dans un peu d'eau.

Sirop

Dans une casserole, mêlez 250 g de suc frais à 250 g de sucre en poudre et faites chauffer jusqu'à avoir la consistance d'un sirop.

Macération

Dans 1 litre d'alcool à 90° (les recettes d'autrefois indiquent de l'eau-de-vie), laissez macérer 25 g d'ortie et 25 g de romarin, pendant 9 à 10 jours, au soleil.

Gâteaux

Mélangez 15 g de graines d'ortie à 60 g de farine de seigle. Apportez de l'eau et du miel pour confectionner une pâte. Formez 6 petits gâteaux et faites cuire une dizaine de minutes au four préchauffé à 180 °C (th. 6). Surveillez la cuisson pour éviter que les gâteaux ne noircissent.

Encore plus que pour la confection de décoctions ou d'infusions à appliquer sur les végétaux du jardin, veillez à l'origine des orties à récolter. Choisissez des plantes qui poussent loin des sites pollués.

MÉMO

L'ortie est une plante puissante, aussi ne faut-il pas en abuser. Prise à forte dose, elle pourrait provoquer la suppression des urines. On conseille également de ne pas dépasser la dose de 8 à 12 g de graines d'ortie par jour.

DE LA POULE À LA VACHE

Poussant près des fermes (et plus particulièrement près des tas de fumier), l'ortie a de tout temps été utilisée pour l'alimentation du bétail. Voici quelques-unes de ces pratiques… à redécouvrir sans hésiter !

Une pâtée pour engraisser

Mêlée à des céréales et, parfois, à des produits laitiers ou à des œufs, la pâtée d'ortie est traditionnellement utilisée en France pour engraisser les animaux de la ferme. Ainsi, dans les Alpes, on nourrit le cochon avec un mélange d'orties, de petit-lait et de pommes de terre bouillies (ou de farine d'orge).

Ce mélange mettant en vedette l'ortie est vanté dans des écrits du XVIIIe siècle « pour engraisser en 15 jours toutes sortes de volailles, soit poules, canards ou autres, depuis la Toussaint jusqu'au Carême ». Il semble même indispensable pour obtenir la somptueuse chair tendre des dindonneaux auxquels il fait « passer le rouge ».

Je conseille
« Mes parents ont longtemps élevé des canards… que nous ne mangions jamais, personne n'étant capable de les tuer. Mais nous les nourrissions tous les étés d'une "baccade" toute simple. Nous mettions dans un bac des orties entières, du pain sec et de l'eau et nous hachions le tout avec le tranchant d'une bêche. »

Il est à noter que la pâtée d'ortie (ainsi que ses graines distribuées avec des céréales) qui est donnée en hiver est réputée avancer la période de ponte. Un dicton populaire affirme d'ailleurs : « Une ortie dans le poulailler est un œuf de plus dans le panier. »

Un fourrage de qualité

Un autre adage clame qu'« une bonne urtillaire vaut mieux qu'une luzerniaire ». Sans pour autant dévaluer la luzerne, il est vrai que les orties, fauchées et séchées, constituent un très bon fourrage, plus riche en protéines que le foin, protéines d'autant plus faciles à assimiler que le taux de cellulose de l'ortie est bas. Ce « foin » est par ailleurs riche en minéraux, oligoéléments, etc. Cette richesse explique peut-être les vertus que les paysans at-

Mémo

Vous possédez des chevaux, des ânes, des chèvres, des vaches ou des moutons ? Ils brouteront avec plaisir les massifs d'ortie, à condition que les graines des plantes, en fin de saison, soient arrivées à maturité. C'est en effet à ce moment-là que, leurs dards séchant, les plantes perdent leur piquant.

tribuaient à ce fourrage : accroissement de la sécrétion lactée et augmentation du taux de crème. Il donnait au beurre une saveur particulièrement agréable et le rendrait « aussi jaune et léger qu'en plein été ».
Il est déconseillé d'apporter seules les orties séchées, qui s'avèrent alors légèrement purgatives. Mais elles peuvent constituer jusqu'à un tiers du fourrage.

Un gage de bonne santé

Qu'elle se présente sous la forme de fourrage, de graines ou même de breuvage (ce dernier constitue une boisson brune obtenue par macération des plantes une journée dans de l'eau chaude), l'ortie semble avoir un effet préventif sur la santé des animaux. Les maquignons le savaient bien, parce qu'ils nourrissaient les chevaux avec des graines d'ortie, quelque temps avant la vente, afin de leur faire un poil brillant et l'œil fringant.

TISSAGE, TEINTURE ET RÉCURAGE : L'ORTIE DOMESTIQUE

L'ortie côtoie les hommes. Il ne faut donc pas s'étonner qu'elle ne se contente pas de les nourrir et de les soigner mais qu'elle contribue aussi à les vêtir et participe à leurs tâches domestiques.

Le poète Thomas Campbell (1777-1844) a écrit :
« En Angleterre, j'ai mangé des orties, j'ai dormi dans des draps d'ortie et dîné sur une nappe d'ortie [...]. Les tiges des vieilles orties sont aussi bonnes que le lin pour faire des étoffes. J'ai entendu ma mère dire qu'elle trouvait le tissu d'ortie plus durable qu'aucune autre sorte de toile. »

La famille des Urticacées est très proche, botaniquement parlant, de celle du chanvre, ce qui explique les propriétés textiles de notre plante piquante. Même si on trouve aujourd'hui principalement commercialisés des vêtements en ramie (l'ortie de Chine), nos orties indigènes (la grande et la petite) ont longtemps été cultivées comme plantes textiles, fournissant des fibres plus courtes mais soyeuses et robustes.

L'industrie de la fibre d'ortie, particulièrement implantée en Allemagne mais aussi dans certaines régions françaises (notamment à Angers, ville réputée pour ses draps d'ortie de belle facture), était à son apogée du XVe au XVIIe siècle. Plusieurs chroniqueurs l'affirment : l'armée de Napoléon aurait été entièrement revêtue de fils d'ortie. Dans la région de Valleiry, en Haute-Savoie, jusque dans les années 1950, se fabriquaient encore de réputés torchons en fibres d'ortie, verdâtres à l'origine, qui ensuite devenaient blancs au fil des lavages.

Ce n'est pas la qualité textile de l'ortie qui est en cause dans le déclin et la disparition de son industrie, mais l'obtention de sa fibre délicate qui, contrairement à celle de la ramie, est non mécanisable.

Filer l'ortie

Pour autant, des artisans tissent de nouveau des vêtements en ortie et plusieurs amateurs passionnés s'attachent à obtenir des écheveaux de fils de cette plante sauvage.

Ne nous le cachons pas : obtenir cette filasse d'ortie s'avère compliqué. Si l'expérience vous tente, n'hésitez pas à échanger sur différents forums, avec d'autres aventuriers férus de cette plante, vos observations et astuces.

Photo p. 75 :
Tiges d'orties séchées.

Méthode simplifiée d'obtention d'un fil d'ortie

• Fauchez les orties en août-septembre : leurs feuilles se fanent, les tiges se colorent de jaune ou de rouge et les graines, mûres, chutent.

• Laissez-les sécher 2 jours afin que les feuilles tombent.

• Liez-les en bottes afin de les mettre à **ROUIR** pendant 6 à 7 jours. Dans l'idéal, vous les déposerez dans de l'eau vive, celle d'un ruisseau par exemple. À défaut, remplacez l'eau chaque jour, sinon le bain de rouissage se transformera en un purin vite pestilentiel. Cette putréfaction est d'autant plus à éviter qu'elle diminue les qualités textiles des fibres d'ortie.

• Après avoir laissé sécher l'ortie, battez-la sur le sol avec des maillets en bois, puis broyez-la manuellement ou à l'aide d'une broye rustique (un chevalet muni de couteaux en bois non coupants).

• Des peignages successifs permettent d'obtenir une filasse brute que l'on stocke au sec.

ROUISSAGE

Le rouissage est la macération que l'on fait subir aux plantes, pour faciliter la séparation de l'écorce filamenteuse d'avec la tige.

Une teinture végétale

L'utilisation de l'ortie pour teinter les tissus est relativement récente. Elle remonte certainement au XVIIIe siècle, lorsque les Lorrains du pays de Metz utilisèrent la racine de la plante sauvage pour teindre de jaune les œufs de Pâques.
De là à teindre les étoffes, il n'y avait qu'un pas. La racine, mais aussi les pousses de l'ortie, peuvent colorer la laine mordancée, c'est-à-dire imprégnée au préalable d'un produit « mordant » qui permet au pigment de se fixer sur la fibre (dans ce cas, de l'alun, qui se trouve en pharmacie).

MÉMO

Comment teinter en jaune les œufs de Pâques ?
Tout simplement en faisant bouillir des œufs (attention : uniquement à la coquille blanche) dans de l'eau avec 200 g de racines d'orties coupées en morceaux.

Recette de teinture à l'ortie (pour 200 g de laine)

Mordançage de la laine

- Dans un faitout, dissolvez 15 g d'alun dans 2,5 litres d'eau bouillante en mélangeant minutieusement avec une cuillère en bois.
- Après l'avoir mouillée, plongez la laine dans ce mélange et portez lentement le tout à ébullition. Laissez ainsi bouillir durant 1 heure, puis laissez refroidir.
- Sortez la laine du bain et rincez-la légèrement.

Teinture

- Préparez le bain de teinture en faisant bouillir à gros bouillons, durant au moins 2 heures, 500 g de racines d'ortie coupées menu, voire râpées.
- Plongez la laine mordancée dans le bain refroidi, puis portez doucement à ébullition. Laissez cuire 1 heure.

Divers autres usages domestiques

On a longtemps attribué des vertus conservatrices à l'ortie. Ainsi, avant l'apparition des glacières et réfrigérateurs, pêcheurs et chasseurs enveloppaient leurs poissons ou gibiers dans des feuilles d'ortie pour en conserver la fraîcheur. De même, les pommes et poires, lorsqu'elles reposaient sur un lit de feuilles d'ortie dans le fruitier, semblaient mieux se conserver.
Les poignées de feuilles d'ortie ont beaucoup servi à récurer. Des chaudrons à fromage des bergers, des fûts à cidre bretons, des ustensiles en grès et en aluminium aux meubles, parquets et escaliers, aucune tache ou souillure ne résistait à la friction d'ortie. Cette propriété détergente lui vient certainement de sa concentration en silice et en calcium.

MÉMO

Un autre usage oublié de l'ortie : faire cailler le lait. Pour obtenir ce résultat, on ajoutait au liquide une décoction concentrée de feuilles et saturée de sel.

INDEX

Dans la collection la Vie en vert

1. 12 mois au jardin **2.** Cultiver les petits fruits **3.** 30 fleurs pour le balcon
4. Des roses pour le jardin **5.** 30 massifs à créer **6.** Semer, greffer, bouturer...
7. Les champignons des bois **8.** Les champignons des prés **9.** Les plantes de la maison
10. Choisir et planter un arbre **11.** Créer un petit potager **12.** Réussir un jardin de ville
13. Arbres et arbustes du soleil **14.** Les couleurs au jardin **15.** Une ruche au jardin
16. Élever des lapins **17.** Une vigne au jardin **18.** Les bulbes à fleurs
19. Parasites : les traitements bio **20.** Les astuces du jardinier
21. La cuisine des Savoyards **22.** Jardiner « bio » **23.** Pelouses et couvre-sol
24. Des arbres pour le balcon **25.** La cuisine des Bretons **26.** La cuisine des Provençaux
27. Élever des poules **28.** Les plantes de véranda **29.** Bien tailler ses arbres fruitiers
30. Les aromatiques en pots **31.** Bien tailler ses arbustes à fleurs **32.** Créer un petit verger
33. Bien soigner ses plantes d'intérieur **34.** Les bonnes associations au potager
35. Arroser sans gaspiller **36.** L'éclairage au jardin **37.** Découvrir les orchidées
38. Les oiseaux du jardin **39.** Les petites charcuteries **40.** Les pains maison
41. 12 mois au potager **42.** Créer un petit bassin **43.** Jardin bio : vrai ou faux ?
44. Les papillons du jardin **45.** Conserves et chutneys maison
46. Les bonnes recettes aux champignons **47.** Cocottes et mijotés
48. 12 mois de fleurs au jardin **49.** Comment faire son compost et ses engrais
50. Desserts au chocolat **51.** Foie gras et confits **52.** Les meilleures plantes dépolluantes
53. Le sol, la clé du jardin

Crédits photographiques

Biosphoto : C. Balcaen : p.19, D. Bringard : pp. 35, 40, 76 ; S. Cuttle : p.17 ;
D. Delphino : pp.14-15; J. Douillet : p. 31 ; Face & Cie : p. 37, H. Lenain : p.16;
S. Mann : p. 21 ; B. North : p. 6 ; Noun : pp. 47, 51, 66, 75 ; F. Renard : pp. 42-43.
Fotolia : p. 53 ; Lamax : p. 60 ; S. Comugnero : pp. 48-49 ; B. Haas : p. 63 ;
I. Hafinov : pp. 64-65 ; Ivp : p. 61 ; PzAxe : pp.13, 21, 28, 33 ; M. Rigaud : p. 58 ;
Sarka : p. 54 ; M. Shebeko : pp. 69, 76.
Jérôme Dacunha : pp. 59, 62.
Rustica : pp. 9, 23, 71, 73 ; C. Hochet : pp. 71, 73 ; F. Marre : pp. 23-24, 26, 27, 38.

Conception graphique : Sebastian Mendoza / Rustica éditions
Réalisation et mise en page : Véronique Sommeilly / S puissance 3
Suivi éditorial : Odile Raoul
Suivi de fabrication : Anne Floutier (F10004)
N° éditeur : 49446

Photogravure : Altavia
Achevé d'imprimer en janvier 2010 en Espagne par Dedalo Offset.